学校で使える
5つのリラクセーション技法

藤原　忠雄

ほんの森ブックレット

ほんの森出版

も・く・じ

『学校で使える5つのリラクセーション技法』

はじめに

一九九四年、世界保健機構（ＷＨＯ）がライフスキル教育の推進を提唱しました。ライフスキルとは、「日常生活で生じる様々な問題や要求に対して、建設的かつ効果的に対処するために必要な能力」であり、一〇の中核的なスキルから成ります。その中の「ストレスへの対処」「情動への対処」「対人関係スキル」などは、ストレスマネジメントに関するものであり、ライフスキル教育の柱の一つはストレスマネジメント教育であると言えます。

ＷＨＯのこの提唱を受けて、各国で様々な取り組みが始まりました。我が国では、二〇〇二年に日本ストレスマネジメント学会が設立されました。各方面で展開されていた様々なストレスマネジメント教育の実践が、この学会で報告され、蓄積されるようになったのです。

ところで、ストレスマネジメント教育という言葉こそ使われていませんでしたが、リラクセーションの教育現場での活用は、かなり以前から取り組まれ、ストレス軽減、情緒の安定、集中力の向上等の効果が報告されていました。しかし、それらの多くは個々の技法の効果として報告されていたにとどまり、教育活動における実際的な活用を前提とした全体的かつ体系的にまとめられた報告ではありませんでした。本書がその最初の本となるようです。

なお、本書は『月刊学校教育相談』の連載「心も体も解きほぐすリラクセーション」（平成一六年度の一年間、全一二回）に加筆修正を行い、冊子にしたものです。内容は、私が二〇年あまり取り組んできた「教育活動におけるリラクセーションの活用」に関する取り組みを紹介したものです。書名のとおり「学校で使える」を前提に、五つのリラクセーション（一〇秒呼吸法、自律訓練法、漸進性弛緩法、動作法、イメージ法）の解説と活用例を紹介しています。どれも椅子に座った状態でできるものです。解説はポイントを絞って簡略なものにし、実際の声かけ例を逐語で紹介することに重きを置きました。活用例は私自身が取り組んだものを中心に、岡山県内の小・中・高校の研究仲間の実践も紹介しました。

現在、我が国のストレスマネジメント教育の展開モデルの主流は、リラクセーションをベースにしたプログラムになっています。それ以外のプログラムでも、重点の置き方に違いはありますが、リラクセーションが盛り込まれています。

リラクセーションだけでストレス対処は十分とは言えませんが、リラクセーションはストレスマネジメント教育の中核であり、基盤です。すべての児童生徒が、より健康的な生活を送るためのスキルとしてリラクセーションを習得し活用できるようになること、そのためのライフスキル教育、ストレスマネジメント教育が展開され、普及することを願ってやみません。

一人でも多くの先生方がリラクセーションを習得され、ストレスとつきあい上手になってください。そして、児童生徒がストレスとつきあい上手になるための支援に取り組まれることを願っています。本書が少しでもそのお役に立てれば幸いです。

著者

リラクセーションとは

リラクセーションとは

赤ちゃんが、お母さんの温かい胸の中ですやすやと気持ちよく眠っているときのような、身も心も安らかな状態や、温泉でゆったりと温かいお湯につかり、身も心も解放されているときのような状態では、心身がゆったりと癒され、疲れがとれるとともにエネルギーが蓄えられます。

こうした状態を身体で覚え、日常生活の中に取り入れると、心身の健康の回復や増進に役立ち、自己抑制力や物事の取り組みにおける集中力・持続力も高めることができます。さらに、あがり防止や実力発揮にも効果があります。

リラクセーションは、こうしたリラックスしたときの心身に及ぼす効果を、心身医学的立場から科学的に検証されたものであり、習得しやすいように段階的かつ体系的にまとめられたものです。

リラクセーションという英単語（Relaxation）は、ゆるみやくつろぎなど「弛緩《しかん》している状態」を意味します。心理療法等の中で用いる場合は、それぞれの立場で意味が違い、学術的にも厳密な定義は行われていません。

本書では、「緊張の適切なコントロールを身につけることにより、心身の健康の回復・維持・増進を図る自己コントロール法」（藤原、一九九七年）とリラクセーションを概念規定しておきます。

リラクセーションの様々な方法

リラクセーションは、「環境を調整する方法」と「主体的に取り組む技法」との二つに大別できます。

「環境を調整する方法」には、次のようなものがあります。

・美しい花を生けたり、絵画を掛けたり、絨毯《じゅうたん》やカーテン等の色を季節に合ったものにしたりすると、自然と心が落ち着きます。こうした色彩の心理に及ぼす効果を活用した方法（色彩療法）。

・図書館、ホテルのロビー、歯科医院等では静かなＢＧＭが流されています。そこにいるだけでゆったりとした気持ちになります。こうした音楽の心理に及ぼす効果を活用した方法（受動的音楽療法）。

・心地よい香りを漂わしておくと、気持ちが落ち着いたり、さわやかな気分になったりします。こうした芳香の心理に及ぼす効果を活用した方法（芳香療法）。

これらは、視覚、聴覚、臭覚などの五感へ働きかけることにより、心身の弛緩を得る方法です。

「主体的に取り組む技法」には、自律訓練法に代表される、静かに身体内感覚に注意を向けて行う静的リラクセーションと、漸進性弛緩法（筋弛緩法）に代表される、軽い身体運動や姿勢の調整など、動きのある動的リラクセーションがあります。
本書では、「主体的に取り組む技法」の代表的なものの中から、学校で使いやすい五つの技法（一〇秒呼吸法、自律訓練法、漸進性弛緩法、動作法、イメージ法）を紹介します。

リラクセーションの効果

活用する方法や技法により多少違いはありますが、おおむね次のような効果があります。

・疲労回復、エネルギー蓄積
・仕事や勉強の能率向上
・自己統制力の増大、衝動的行動の減少
・内省力の高揚、自己向上性の増大
・過敏状態の鎮静化
・身体的疼痛や精神的苦痛の緩和
・自律神経機能の安定　など

次に、リラクセーション習得後の子どもたちの感想を見てみましょう。

＜生活面＞
・寝付きや目覚めがよくなった。
・腹が立つことが減り、落ち着いた。
・ゆとりができた。

＜学習面＞
・授業に集中できるようになった。
・試験のとき、あまり緊張しなくなった。
・成績が上がった。
＜人間関係＞
・嫌な人のことが気にならなくなった。
・友人との話がはずむようになった。
・人とうまくいくようになった。
＜その他＞
・何事もいいほうに考えるようになった。
・生理痛が軽くなった。もう怖くない。
・いい意味で居直れるようになった。

学校での活用上の留意点

学校では、リラクセーションを治療的ではなく、予防的・開発的な教育的支援として活用します。そのため、次のような事柄について留意することが大切です。

自らが身につけましょう

まず、教師自らが習得し、その技法の効果を実感しておくことが重要です。体験に基づいた説明は、児童生徒に安心感を与え、動機づけにも大きな影響を与えます。

留意点を押さえておきましょう

活用する技法の留意点をきちんと押さえておくことが重要です。技法によっては、児童生徒の個々の実態(疾患等)から、避けたほうがよいものもあります。そのため、養護教諭および校医(必要に応じて主治医)等と相談しながら細心の注意を払いながら進めることが大切です。

導入を大切にしましょう

習得するまでの継続的な取り組みが重要であり、動機づけがとても大切なポイントになります。そのため、導入は十分に時間をかけて行い、資料等を活用した興味づけには、児童生徒の実態に応じた工夫が必要です。

児童生徒のニーズとペースを尊重しましょう

身につけさせるというような操作的姿勢ではなく、児童生徒のニーズとペースを最大限に尊重することが重要です。

活用に当たっては不参加も認め、不参加者にその場での協力(邪魔をしない)を求める柔軟な姿勢が必要です。その上で、不参加を不参加者との個別的なかかわりのチャンスととらえ、本人のニーズとペースに合った形でストレス対処法等について一緒に考えることが大切です。

そして、教師自らも目標を持ち、児童生徒と共に歩む姿勢で取り組むことが大切です。

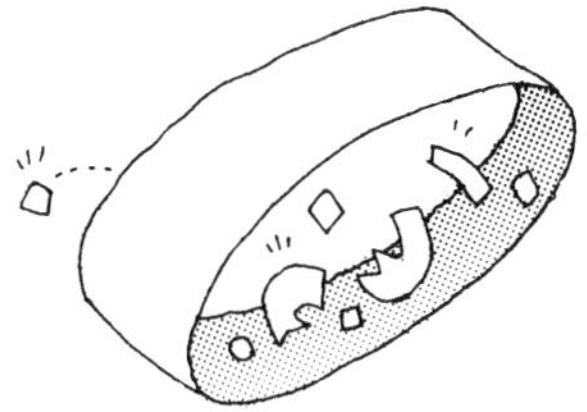

1

一〇秒呼吸法

呼吸法とは

人は、赤ん坊のときには呼吸の達人であり、深い安らぎを得ることができる腹式呼吸を得意としていました。しかし、成長するにつれて、勉強や仕事、対人関係等のストレスから、浅い胸式呼吸がいつの間にか習慣となってしまいます。

この胸式呼吸の習慣化が心身の様々な不調を呼び起こすことになります。そのため、胸式呼吸の習慣を崩し、リラックスしているときに見られる腹式呼吸を回復することが重要なこととなります。

このような腹式呼吸を積極的に活用して、心身の健康の回復・維持・増進に役立てるのが呼吸法です。

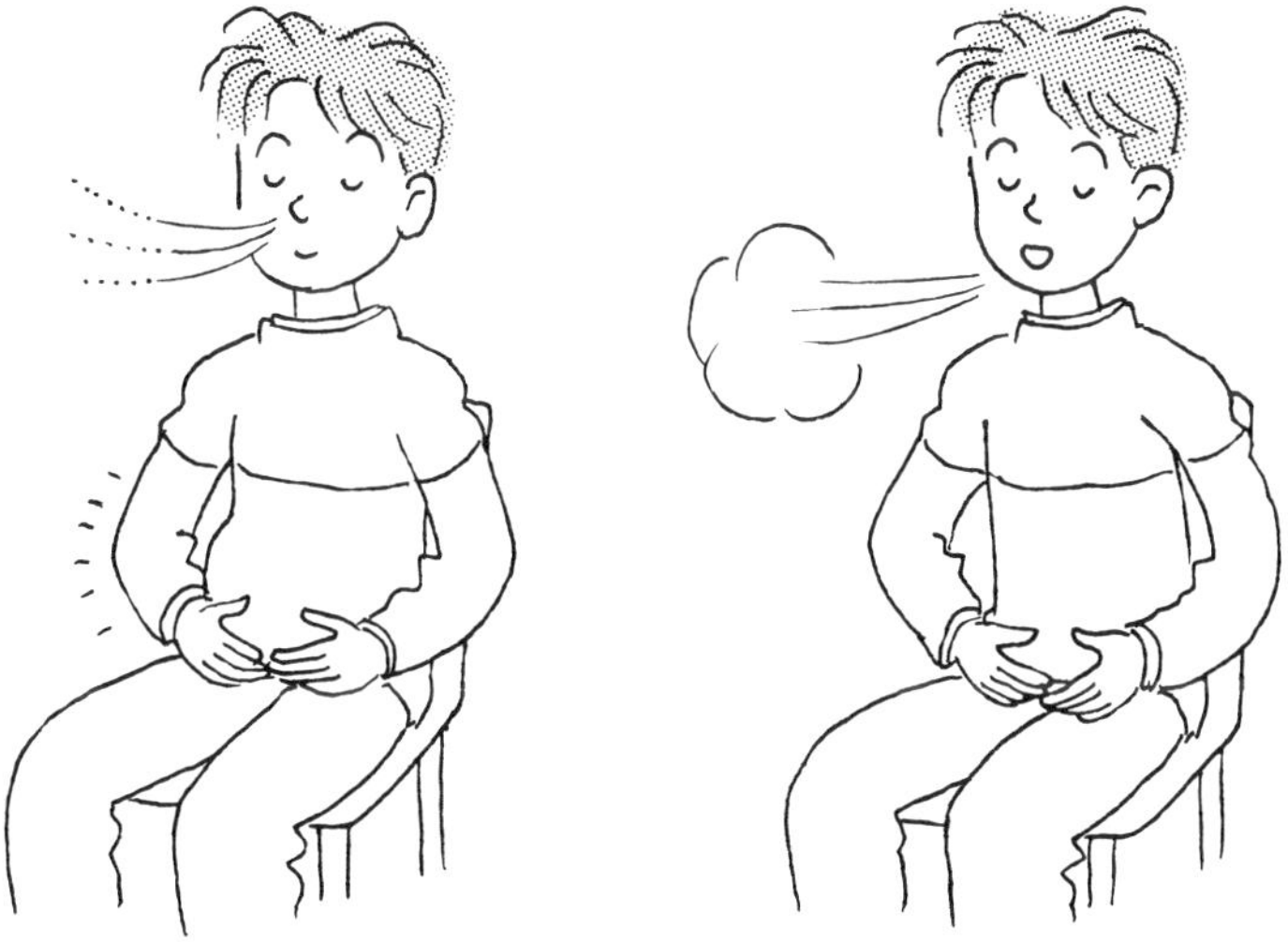

呼吸法の効用

生理的効果としては、次のようなことがあげられます。

一回の呼吸で出し入れする空気量(一回換気量)は、胸式呼吸では約〇・四リットル、腹式呼吸では約二・九リットルです。すなわち、腹式呼吸では胸式呼吸の約七倍の換気量となります。

また、血液の流れは、重力の関係で肺の下のほうが活発で、肺の頂点で一分間に約〇・一リットル、中程で約〇・七リットル、底のほうでは約一・三リットルです。つまり下部三分の一だけで上部三分の二の二倍近い血流量があります。

そのため、腹式呼吸は呼吸数を減少させ、かつ肺の最も効率のよい部分を使って、楽にたっぷり酸素を取り入れることができます。したがって、肺と心臓の負担が軽減し、血圧も高くなりません。

さらに、腹式呼吸による横隔膜の上下運動が、穏やかに絶え間なく内部器官をマッサージします。

横隔膜が下がると、器官とその血管が圧縮され血液が心臓に送り戻され、横隔膜が上がると、動脈から酸素をもった血液が器官に効率よく流れ込みます。このように、循環組織全体の働きを高めます。それに加え、肝臓をマッサージし胆汁を早く分泌させ解毒作用を促進させるなど、身体内部組織の機能も高めます。

心理的効果としては次のようなことがあげられます。

呼吸法により心身がリラックスした状態になると、余裕をもって自己をコントロールできるようになります。したがって、いろいろな刺激、ストレス、課題に過剰反応しないで対処できるようになります(ストレス耐性の向上)。また、呼吸に受動的な注意を集中することにより、心身への気づきが高まり、内省力、自己向上性が増大します。さらに、創造性や問題解決能力も高まります。

呼吸法の実際

様々な方法がありますが、ここでは最も簡便な腹式呼吸法である「一〇秒呼吸法」を紹介します。

逐語・声かけ例

「これからリラックス呼吸法を始めます」

「姿勢を整え、静かに眼を閉じましょう」

※姿勢の整え方(例)は次のとおりですが、慣れれば省略します。

「体を締めつけているものはゆるめ、めがねや時計は外しましょう」

「お尻の位置は、深からず浅からずで、後にもたれてちょうど座りのいい所にしましょう」

「膝の角度は鈍角(九〇度より大きく)で、少しだけ前に足を投げ出すようにしましょう」

「手はモモの上で、据わりのいい位置に置きましょう。手のひらは、上に向けても下に向けてもどちらでもいいです。あるいは、お腹に軽く当ててもよいでしょう」

「必要であれば、途中適当に微調整をしてください」

「それでは、いったん背筋をぴんと伸ばして、ゆっくりと息を吐きながら背中の緊張を緩めます」

「静かに眼を閉じましょう」


「吸っている息を口からゆったりと吐き出しましょう」

「吐き出せたら、鼻から静かに吸っていきます」

「一、二、三」

「四でいったん止めて、またゆったりと吐き出していきます」

「五、六、七、八、九、一〇」

「後は自分のペースで続けましょう。あくまで無理のない、ゆったりとした呼吸を心がけましょう」

………(間は六〇~九〇秒)………

「それでは徐々に自然な呼吸に戻していきましょう」

………(間は一〇秒)………

「それでは、消去動作を行います」

「ジャンケンの『グー』をつくりましょう」

「開いて、パー、グーパー、グーパー、グーパー」

「ヒジの屈伸です。曲げて、伸ばして。曲げて、伸ばして」

「伸びをして、はい脱力」

「気持ちよくすっきりと目覚めます」

実施上の留意点

最初の体験が継続的な取り組みへの大きな動機づけとなります。そのため、なるべく快体験につながるように、配慮のある導入や諸注意を行うことが必要です。特に、呼吸器系疾患がある児童生徒には事前指導が必要です。

時間や腹式にとらわれすぎない

最初は、呼吸に気持ちを向けるだけで落ち着かなくなる子もいます。特に、一〇秒という時間や腹式にとらわれすぎると、かえって緊張が増します。

あくまでも自分にとって無理のない自然なリズムとペースを心がけます。そして、徐々に安静感が深まるようにゆったりとした呼吸にしていくことが大切です。

吸う息より吐く息に重点を置く

吸う息は自然に任せ、吐く息は、顔面の緊張が高まらない程度に軽く唇をすぼめて、口から細く長く遠くに吐き出すように調整します。吸う時間の二倍以上の時間をかけて吐くことがポイントです。

そして、吐くときに「日頃の緊張や疲れ、不安や不満などのマイナスの感情が気持ちよく吐き出される」と想像することにより、さらに効果が高まります。

消去動作の必要性について理解しておく

呼吸法レベルでも、児童生徒の中には深いリラックス体験となる子もいます。寝起きにすぐ立つとくらくらしたり、頭に重い感じが残ったりしますが、同様のことがきちんと消去動作を行わない場合(急に目を開けたり、立ったりしたとき)に起こることがあります。

リラックスレベルの浅い深いにかかわらず、学校生活や授業に集中できる最適な緊張レベルに調整することが大切です。

それでは次に、一〇秒呼吸法の活用例を二つ紹介しましょう。

ＳＨＲの三分間呼吸法で心地よいクラスに

〈対象〉全日制高校〇〇科三年（女子三九名）

〈時期〉九月下旬～一月下旬（四か月間）

〈目的〉・クラス内の心理的安定
・集中力の強化と受験での実力発揮

〈内容〉次のような導入および展開を行いました。

導入

ロング・ホームルーム（ＬＨＲ）で、受験での実力発揮とあがり防止にはリラクセーションを身につけることが有効であることを、以下の資料をもとに説明しました。

・無意識の働き
・努力逆転の法則（あがり、ど忘れのメカニズム）
・脳波の種類と心身の状態
・呼吸法とは（その効果と実際）

展開

朝のショート・ホームルーム（ＳＨＲ）の最初の三分間に、次のような流れで呼吸法を実施しました。
①姿勢を整え、静かに目を閉じる。(一〇秒)
②BGMを流す。
③呼吸法(一〇秒呼吸)を行う。(二分)
④自分へプラスメッセージを送る。(二〇秒)
⑤BGMを消す。
⑥消去動作を行う。(三〇秒)

《補足説明》

・BGMについて

前半の二か月はBGMを流しましたが、後半の二か月は流しませんでした。

理由は次の二つです。第一に、BGMの利用は、多くの生徒が呼吸法に取り組みやすい雰囲気をつくりだすためです。第二に、最終的に生徒が「いつでも、どこでも、一人で」呼吸法ができるようになることが目標であり、受験会場の静寂な雰囲気の中でも、騒がしい状況でもできることが大切だからです。

・プラスメッセージについて

「学校生活を楽しく送ることができる」「授業に集中できる」「ゆったりとした気分で毎日を送ることができる」等々、生徒自らが目標(理想の状況)を設定し、その実現に向けたメッセージを心の中で繰り返します。

＜成果＞

次のような成果が得られました。

テストによる効果測定

高校生の自己理解と行動改善のためのテスト「ＳＵＢＩＴ」では、抑鬱《うつ》感情（感情が沈みがちな状況）、達成意欲欠如（物事への取り組みに対する自発性、持続性、集中力が欠けた状況）、自己抑制力欠如（自分の感情や行動を抑えることができない状況）の三つの観点において改善が認められました。

また、ホームルームの雰囲気テスト「ＨＲ－ＭＥＴ」では、自律（集団の規律を大切にし、けじめのある行動を自らとることができる状況）、温和（穏やかにほのぼのと落ち着くことができる状況）、安心（安心感、所属感、存在感があり、安定した居心地のよさがある状況）、自発（自主的に、また積極的に協同して、物事に取り組むことができる状況）の四つの観点において向上が認められました。

感想

生徒の感想には、次のようなことがあげられました。

・寒い日でも指先がジーンと温かくなった。
・体全体が温かくなり、気持ちがよかった。
・疲れがとれた感じがした。気分がすっきりした。
・落ち着く。気分が和らいだ。
・集中力がついた気がする。
・朝の呼吸法で落ち着き、一日を余裕をもって過ごせた。

・クラスが静かになった。居心地がよかった。
・試験の待ち時間にしたら、とても落ち着いた(多数)。
・緊張したら呼吸法をすればいいという安心感があった。
・信じる者は救われる。先生を信じてやってよかった。
・やって損はないと思った。

実践した担任教師(筆者が主宰する研究会のメンバー)の感想は、次のとおりです。
・効果があると感じている生徒も感じていない生徒もいましたが、結果的には感じていない生徒を含めて、クラス全体に好ましい影響が出たと思われました。時期的にクラスが集団として大きく成長する時期と重なった面もあるかもしれませんが、その成長を例年になく実感できました。

この実践のように、SHR等での数分間の呼吸法活用により、受験に対するクッション効果(あまりプレッシャーを感じることなく受験日を待つことができる)が認められたり、日々行っていることを実際に本番で活用し、実力を発揮できたりしています。

過度の緊張によるパニックから解放されたA子

A子(全日制高校○○科三年生)は、おとなしくまじめにこつこつと努力するタイプで、成績は安定していました。

A子はこれまで、考査や模試で極度に緊張したことはありませんでしたが、一学期中間考査の発表日(考査一週間前)に、「この一学期の成績が、三年の成績として調査書に記入されるから、何かすごいプレッシャー」と友達にもらしました。そして、考査初日の早朝、「緊張して寝られなかった。体が震えて受けられそうにない。受けないといけませんか」とA子から担任に電話がありました。担任は、結果はどうであれ、受けたほうがよいと説得しました。

何日かこうした早朝のやりとりを続け、やっと全科目を受験することができました。しかし、結果は本人にとって不本意なものであり、その直後の実力考査と校外模試は極度の緊張による体調不良を訴え、受験できませんでした。担任は、A子がリラックスできる方法を身につけることの必要性を感じ、A子と一緒に教育相談室に来談しました。

そこで、誰にも簡単に身につけられ、いつでも、どこでも、一人で活用できる呼吸法（一〇秒呼吸法）を紹介しました。A子は一日三回の呼吸法に取り組み、毎週一回そのトレーニング状況を報告に来ました。そして、期末考査では多少の緊張状態はありましたが、気持ち大きくが揺れることなく無事考査を終えることができました。

A子は、「以前だったら、緊張が高まってきたらパニックに陥っていたけど、今は抑え込もうとしないで、一〇秒呼吸法をしようと切り替えるの。三〇回もすれば必ず落ち着けている」と話すようになりました。一二月にあった第一希望の大学の推薦入試でも、呼吸法を活用し落ち着いて受験することができ、みごと合格しました。そして、大学一年時の年賀状に「呼吸法は私の宝です」と記してきました。

この事例のように、受験を意識し始めてから極度に試験に対して緊張するようになったり、受験日が近づくにつれ情緒的に不安定になったりする生徒が数多くいます。こうした生徒への支援として呼吸法は有効であり、数多くの生徒たちが試験恐怖や受験恐怖を克服し、本番において実力を発揮できてきています。

そして、そうした支援には、単に呼吸法を身につけさせればよいのではなく、次の二つの視点が必要だと思われます。

第一に、緊張や不安な気持ちをしっかりと受け止めた上で、あがり(過度の緊張)のメカニズムについての理解を深めることが大切です。緊張は悪いことではなく、むしろ適度の緊張は実力発揮には必要であり、それが過度にならないことが重要であることを認識できることが大切です。

第二に、緊張したときや緊張し始めたときの対処方法を身につけておくことの必要性とともに、そのための日常生活における取り組み(継続したトレーニング)の重要性を認識できることが大切です。

呼吸法の活用は、教科指導の中でも可能です。授業の始め(三分程度)に呼吸法を活用することにより、授業への心の準備や雰囲気づくりができ、学習への取り組みや内容の定着を高めることができます。

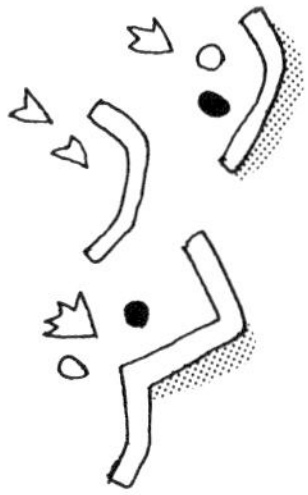

2
自律訓練法（簡略版）

自律訓練法とは

自律訓練法は「心身のリラックス健康法」「心の体操」などと呼ばれ、医療分野や健康分野だけではなく、教育や産業、スポーツ領域でも広く活用されています。

この自律訓練法は、一〇〇年あまり前に行われた睡眠と催眠の神経生理学的な比較研究に端を発しています。

その研究の協力者たちが何度も催眠状態に導入されているうちに、心身の不調が改善したり、健康の回復や増進が図られたりしました。そこで、そうした催眠状態の特徴を分析検討してみると、心が落ち着いている感じ（安静感）、腕や脚《あし》の重たい感じや温かい感じ（四肢の重感・温感）などが見いだされました。こうした状態や感じを自らが獲得し、健康の回復や増進に役立てる方法（セルフコントロール法）の開発に研究は発展しました。そして、習得しやすいように段階的かつ体系的にまとめられ、誰もが同様に取り組むことができるように標準化されたものが自律訓練法です。

自律訓練法は、開発されて約七〇年の歴史の中で、様々な実践が積み上げられて現在に至っています。

具体的には、次のような体の感覚の公式(心の中で繰り返しつぶやく言葉)を一つ一つ積み重ねて、リラックスを深め、心身の調和を図り、心の解放を促します。

- 背景公式(安静練習):「気持ちが落ち着いている」
- 第一公式(四肢重感練習):「両腕・両脚が重たい」
- 第二公式(四肢温感練習):「両腕・両脚が温かい」
- 第三公式(心臓調整練習):「心臓が静かに規則正しく打っている」
- 第四公式(呼吸調整練習):「楽に呼吸をしている」
- 第五公式(腹部温感練習):「お腹が温かい」
- 第六公式(額部涼感練習):「額が心地よく涼しい」

自律訓練法は、研修会に数回参加すれば身につくというものではなく、日に二~三回、一回三~五分の練習を三か月~半年の間、継続(訓練)し習得できるものです。

自律訓練法の効果は、習得状況や適用方法により違いがありますが、予防的・開発的な教育的支援として適用した場合の効果は次のとおりです。

①知的側面:注意力の増大、記憶力の改善、課題への対応力の向上、学業成績の上昇 など
②社会的側面:対教師・対友人関係の緊密化、学習態度の改善、自発的活動の増大 など

③心理的側面：テスト不安の減少、情動の安定、攻撃性の減少、欲求不満耐性の上昇　など
④その　他：刺激対応の柔軟性の増大、スポーツ成績の向上、創造性の開発　など

自律訓練法の実際

学校で適用する場合は、背景公式から第二公式までで十分であり、第三公式以降は省略します。その意味で、本書で紹介するものは「自律訓練法（簡略版）」と言えます。ビデオ（佐々木、一九九三年）等で導入すると、自律訓練法の概略、諸注意や練習方法等が適切に伝えられます。

逐語・声かけ例

「これから心の体操を始めます」
「姿勢を整えましょう」

※姿勢の整え方（例）は次のとおりですが、慣れれば省略します。その場合、間を二〇秒程度とります。

「椅子の背もたれには体をゆだねないで、自分の体は自分で支えるように座りましょう」
「脚は肩幅程度に開き、膝の角度は鈍角（九〇度より大きく）になるように、足を少し前に出し、足の裏全体を床につけましょう」
「腕は手のひらを下に向け、モモの上の据わりのいい位置に、ぽとんと自然に置きまし

よう」

「軽く目を閉じ、数回腹式呼吸をしながら、口元を緩め、アゴの力を抜き、首を少し前に垂らすようにしましょう」

「気持ちが落ち着いている。気持ちが落ち着いている。気持ちが落ち着いている」(註1)（背景公式の言葉「気持ちが落ち着いている」を二回繰り返します）

「心の中で繰り返しましょう」

……（間は一〇秒）……

「右腕が重たい。右腕が重たい」（ここには後出の「第一公式・第二公式の言葉」が入ります。言葉は二回繰り返します）

「心の中で繰り返しましょう」

……（間は二〇秒）……

「気持ちが落ち着いている。右腕が重たい」（ここには「背景公式＋第一公式・第二公式の言葉」が入ります）

「心の中で繰り返しましょう」

……（間は二〇秒）……

「左腕が重たい。左腕が重たい」

「心の中で繰り返しましょう」

……（間は二〇秒）……

「気持ちが落ち着いている。左腕が重たい」

「心の中で繰り返しましょう」

……(間は二〇秒)……

＊以下、両腕の重感→両腕と右脚の重感……と、後出の「第一公式・第二公式の言葉」に従って、段階を踏まえて練習していきます。

「それでは、消去動作を行います」

「目は閉じたまま、姿勢(頭と首)を起こしましょう」

「ジャンケンの『グー』をつくりましょう」

「開いてパー、グー、パー、グーパー、グーパー」

「ヒジの屈伸です。曲げて、伸ばして。曲げて、伸ばして」

「大きく上に伸びをして、はい脱力」

「深呼吸を二回行いましょう」

「最後に、ゆっくりと目を開けましょう」

(註1)児童生徒への事前の説明時に、次のように伝えておきます。

『気持ちが落ち着いている』と思うだけで、すぐに落ち着けるのならば、心の体操に取り組む必要はありません。心の体操を通して、『気持ちが落ち着いている』状態に近づくのです。それには練習が必要です。言わば、『気持ちが落ち着いている』状態は、心の体操の目標です。

ですから、『気持ちが落ち着いているとは、どんな感じなのか?』と考えたり、『私はうまく気持ちを落ち着かせることができない……』などと悩んだりする必要はありません。ただ単に、心の中で

『気持ちが落ち着いている』と言葉を繰り返せばいいのです」

第一公式・第二公式の言葉

「右(左)腕が重たい」〈二日間〉(左利きの人は、左から始めます)
「左(右)腕が重たい」〈二日間〉
「両腕が重たい」〈二日間〉
「両腕と右(左)脚が重たい」〈二日間〉
「両腕と左(右)脚が重たい」〈二日間〉
「両腕両脚が重たい」〈四日間〉
「両腕両脚が重たい。右(左)腕が温かい」〈二日間〉
「両腕両脚が重たい。左(右)腕が温かい」〈二日間〉
「両腕両脚が重たい。両腕が温かい」〈二日間〉
「両腕両脚が重たい。両腕と右(左)脚が温かい」〈二日間〉
「両腕両脚が重たい。両腕と左(右)脚が温かい」〈二日間〉
「両腕両脚が重たくて、温かい」【最終公式】

＊〈〉内の日数は目安です。最終公式に到達したら、以後はそれを継続します。公式内の「腕」は、手先から肩まで「腕」全体を指し、「脚」は足先から股の付け根まで「脚」全体を指します。

実施上の留意点

適用の留意点を押さえておく

自律訓練法は、適用してはいけない場合やしないほうがいい場合があり、不適切な適用は避けなければなりません。そのため、適用する場合の留意点を押さえておくとともに、自らが習得しておくことが大切です。

参考までに、日本自律訓練学会のホームページ(http://www.soc.nii.ac.jp/jsat/index.html)に学会認定資格の有資格者リストがあります。自律訓練法の習得や適用に関して、相談することができます。

受動的注意集中の大切さを理解しておく

「受動的注意集中」とは、自律訓練法を習得するために必要な「心の構え」です。

通常の場合、注意集中とは、ある対象に対して緊張を伴う能動的な注意の向け方を意味します。しかし、自律訓練法で大切なのは、公式に関係のある体の部位にさりげなく気持ちを向けて、ぼんやりと体の感じを味わうことです。何かその部位に変化を出そうとするのではなく、自然に変化が起こってくるのを待つ姿勢です。イメージとしては、温泉に浸かっているときの心の状態です。お湯の温かさに身を任せ(受動的)、その伝わってくる温かさに気持ちを向けている(注意集中)状態だと考えればよいと思います。

児童生徒への具体的な説明としては、次のように伝えます。

「重く（温かく）感じないといけない」「重く（温かく）なるはずだ」「重く（温かく）なれ」などと、積極的になったり、意欲的になったりするのではありません。ただ単に「重たい（温かい）」なのです。そうした感じが現れるのを待つ姿勢が大切なのです。

何となく、ぼんやりと腕や脚が重たい（温かい）感じが味わえたり、通常とは何か違う感覚が味わえたりしたら、それでＯＫです。たとえ全然味わえなくてもいいです。練習を繰り返す中で、徐々に感じられるようになります。

重たい（温かい）体感の仕方は百人百様です。体感のイメージを例示することは、体感促進になる場合と、かえって混乱させる場合とがあります。定期的に体感状況をアンケート等で確認し、肯定的な意見や説明を個人的に返して、安心して取り組みを継続できるような配慮ができると、よりいいです。

消去動作の必要性について理解しておくこと

短時間でも、児童生徒の中には深いリラックス状態となる子がいます。寝起きにすぐ立つとくらくらしたり、頭に重い感じが残ったりしますが、同様のことがきちんと消去動作を行わない場合（急に目を開けたり、立ったりしたとき）に起こることがあります。

リラックスレベルの浅い深いにかかわらず、学校生活や授業に集中できる最適な緊張レベルに調整することが大切です。

体験中に起きる様々な現象を理解しておく

自律訓練法に取り組む中で、鼻の先など体の一部がかゆくなったり、手足の筋肉がピクピクしたり、お腹が鳴ったり、涙が出たり、イメージや雑念がわいたりなど、様々な反応が起こることがあります。これは、自律訓練法による自己正常化の過程（人間が本来持っている自然治癒力や自己復元力による心身の自然な浄化作用）に見られる必然的な好ましい現象です。体験を継続する気になれない場合は、消去動作を行って体験を中断します。体験を継続できる場合は、その反応をぼんやり味わいながら、公式に気持ちをさりげなく向けて継続します。

それでは、自律訓練法を中核としたメンタルトレーニングに取り組んだ部活動での実践と、自律訓練法の最終公式（第六公式：額部涼感）までの習得を支援した保健室での事例を紹介しましょう。

メンタルトレーニングで実力発揮

＜対象＞全日制K高校硬式野球部（男子六九名）

＜メンタルトレーニング導入の経緯＞K高校の監督は、「野球を通しての人間教育」をモットーに、選手とチームの育成に取り組んでいました。そして、実力を発揮することができずに不本意な結果で終わらないための指導方法を模索していました。一方、筆者はメンタルトレーニングを「生き方教育」としてとらえ、開発的な教育相談活動としてメンタルトレーニングの実践とその普及に取り組んでいました。その両者が、選手への心理的支援としてメンタルトレーニング導入が必要であるという認識で一致し、導入することにしました。

＜時期＞二月～七月（六か月間）

＜目的＞パフォーマンスの向上と安定、集中力の強化、試合での実力発揮

＜内容＞次の①～④を柱とした隔週実施の一二回プログラムを実施しました。

①自己分析と目標設定トレーニング

自己を客観的に分析し、その下で適切な目標設定を行い、継続的・段階的・体系的な目的意識を維持できるようになるためのトレーニングです。具体的には、心理的競技能力検査（以下「ＤＩＰＣＡ」）等の心理検査、ピークパフォーマンス分析、思考パターン分析等を通した自己分析、短期・中期・長期の目標設定とその振り返りのための日誌指導を中心に行いました。

②リラクセーション・トレーニング

その時その場に応じた適切な緊張（無駄な緊張や力みがない）レベルを維持できるようになるためのトレーニングです。具体的には、自律訓練法（背景・第一・第二・第六公式）を中核にした種々のリラクセーション技法の習得を行いました。

③イメージ・トレーニング

メンタルリハーサル（イメージによる模擬体験）を通して、パフォーマンスの向上と安定を図るためのトレーニングです。具体的には、視覚的イメージを想起しやすくするために、自律訓練法

の上級練習である黙想練習（詳細は、巻末の参考文献「松岡・松岡、一九九九年」を参照）に取り組むとともに、五感のイメージ体験、理想的競技遂行や緊張・困難場面克服等の種々のメンタルリハーサルを中心に行いました。

④トータル・トレーニング

①〜③を統合したトレーニングです。具体的には、思考・感情のコントロール、コンセントレーション、心理的コンディショニング等を中心に行いました。

<成果>

ＤＩＰＣＡの結果と日常生活へ及ぼした影響、戦績について紹介します。

①ＤＩＰＣＡの結果

プログラムの事前と事後に実施したＤＩＰＣＡの結果を比較すると、心理的競技能力の一二因子（忍耐力、闘争心、自己実現意欲、勝利意欲、自己コントロール、リラックス、集中力、自信、決断力、予測力、判断力、協調性）すべてにおいて向上が認められました。

②日常生活へ及ぼした影響

プログラム終了後に、六か月前（プログラム実施前）の自分と比較した、日常生活における変容について確認しました。「リラックスして生活している」が九四％、「感情が安定した」が八六％、「人間関係が改善した」が七〇％、「集中力が向上した」が七八％、「他の場面でも活用している」が七〇％でした。

このように、メンタルトレーニングはスポーツ場面だけではなく、日常生活にも好ましい影響を与えることが確認できました。

③戦績
プログラム終了後の夏季大会一回戦は、延長一一回降雨引き分け、再試合は一点差の惜敗(相手校は優勝し、甲子園出場)でした。県球史に残る壮絶な試合であり、多くの県民に感動を与えてくれました。

<感想>監督と選手の感想は、次のとおりです。
「選手はもちろん、指導者側の精神的安定を図る意味においても大きな意味がありました。選手とともにスタッフも成長できたように思います」(監督)
「夢(甲子園)はかないませんでしたが、力を出し切りました。悔いはありません。胸を張って帰ります」(主将)
(※K高校はメンタルトレーニングを導入した延べ六年間に、夏の甲子園に二回出場)

保健室の頻回来室生徒への支援

B子、C子(全日制高校〇〇科三年女子)は、心身の不調を訴え、たびたび保健室を利用していました。B子の主訴は腹痛、過呼吸、動悸、肩こり、頭痛等であり、C子の主訴は生理痛、胃痛等でした。二人とも頑張りすぎるタイプであり、神経質なところもよく似ており、保健室で仲良くなりました。

養護教諭は、二人にはリラックスして生活できるようになることが必要だと考え、リラックス健康法として自律訓練法を紹介しました。そして、本人と保護者の希望確認と主治医の承諾を七月末に得た後、九月初めから一二月半ばまで、週一回の合同面接で自律訓練法（背景、第一〜第六公式）に取り組みました。内容は、一週間の振り返り（記録のチェック）、次の一週間の練習内容（公式）の確認、Ｂ子、Ｃ子、養護教諭の三人での自律訓練法のテープを活用した体験でした。

その結果、Ｂ子は主訴であった腹痛、過呼吸、動悸、肩こり、頭痛がなくなりました。九月以降は欠席がなくなり、保健室利用も激減しました。そして、大学受験時にも気持ちの大きな揺れはなく、希望の大学に合格しました。Ｃ子は主訴であった生理痛と胃痛が軽減し、九月以降は生理痛による欠席がなくなりました。保健室利用も減少し、来室しても休養することはなくなりました。そして、希望の専門学校への進学を決めました。

高校生の自己理解と行動改善のためのテスト「ＳＵＢＩＴ」では、Ｂ子、Ｃ子ともに、身体的不調（体調がよくない状況）、抑鬱《うつ》感情（感情が沈みがちな状況）、達成意欲欠如（物事への取り組みに対する自発性、持続性、集中力が欠けた状況）の三つの観点において改善が認められました。

実践した養護教諭の感想は次のとおりです。

「いつ息切れして不登校状態に陥っても不思議ではないと思える二人でした。そうした二人が、足を引っ張り合う関係ではなく、支え合う関係として機能できました。二人の変容を見守る中で、自律訓練法の効果の大きさを実感しました。また、支え合う関係が自律訓練法の取り組みに与える影響の大きさも実感できました」

次は、卒業後、Ｂ子とＣ子のそれぞれが養護教諭に送ってきた手紙の一部です。

Ｂ子の手紙「……卒業後、Ｃ子さんに会ったとき、強くなったねと言われ、少しうれしくなりました。確かに自分でも前に比べたら強くなったかなと思っています。変わったところと言えば、少し自分に自信が持てるようになったところかなと思います。自律訓練法の（合同面接の際に使用した)テープをカバンの中に入れて持ち歩いています。お守りのようなものと思っています。……」

C子の手紙「……B子さんは高校のときと比べて精神的にも身体的にも強くなったように思います。私も生理痛があることはありますが、以前よりずっとよくなって薬をあまり飲まなくても大丈夫になりました。……」

教育活動の中で適用する場合は、自律訓練法(簡略版)で十分ですが、ここでは自律訓練法の適用範囲の広さとその効果の大きさを理解していただける事例を紹介しました。

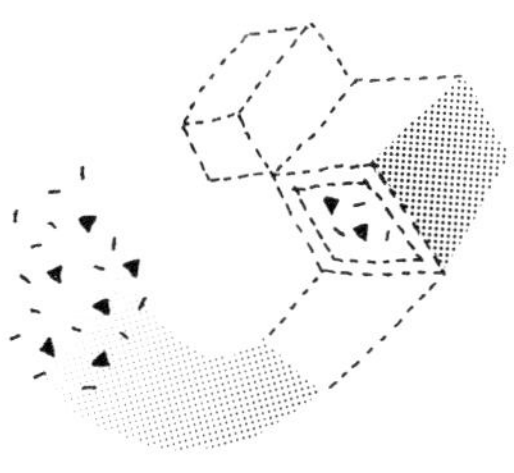

3

漸進性弛緩法

漸進性弛緩法とは

私たちは意識的に筋肉を緊張させたり力を抜いたりできますが、意識しないで自動的（自律神経系の働き、姿勢の歪み、ストレス反応などによる）に緊張していることがあります。こうした不随意の緊張は、意識的に抜こうと思っても抜けるものではなく、慢性的な肩、背中、首、腰等の凝りや痛みの原因になったり、雑念やイライラなどの心理的緊張の原因になったりします。そのため、この不随意の緊張を緩めることが、心身の健康に大きな意味を持ちます。

漸進性弛緩法は、「筋肉は意識的に力を入れて、その後脱力（一〇秒以上）すると、それにつられて、各部位の不随意の緊張が緩む」という特性を利用して、心身のリラックス状態を段階的に得る方法です。ストレス緩和や神経症の治療法として、七〇年余り前に開発された訓練法で、筋弛緩法と呼ばれることもあります。現在、医療や健康分野はもちろん、教育やスポーツ領域でも広く活用されています。

身体各部位の緊張のさせ方

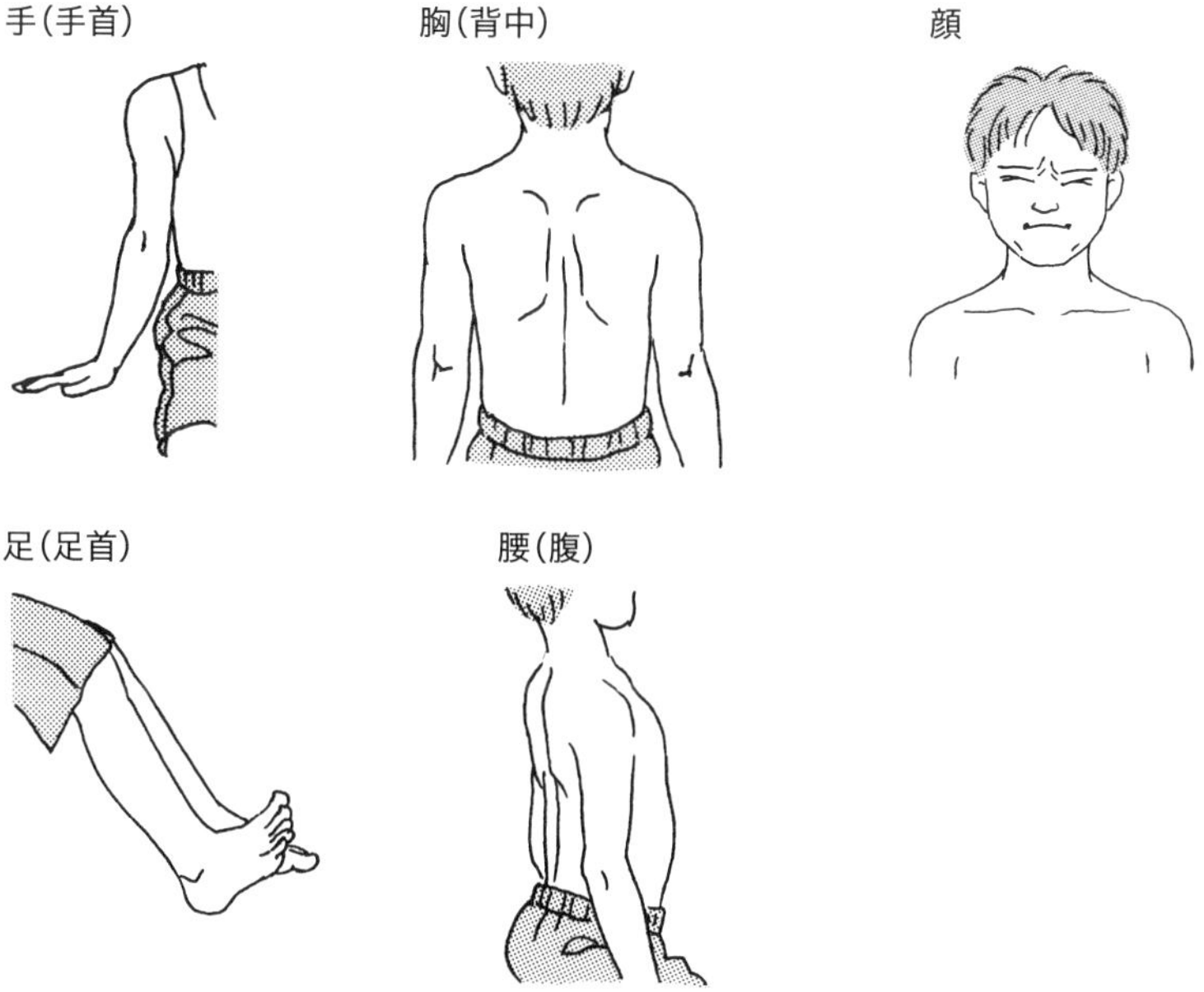

自律訓練法は心理的側面から、心身のリラックス、漸進性弛緩法は身体的側面から、心身のリラックスをもたらす技法です。ともに心身交互作用により最終的に心身のリラックスを得るものですが、現実の身体の緊張と弛緩を手がかりにする漸進性弛緩法のほうが児童生徒には取り組みやすいようです。特に、心に注意を向けにくい児童生徒には最適であり、園児や小学校低学年児童からの適用も可能です。

漸進性弛緩法の実際

漸進性弛緩法の原法は、一セッションにかなりの時間を要します。そのため、簡略化や工夫・改良が施されました。ここでは、山中(一九九九)によって工夫(最も簡略化)された方法を紹介します。

各筋群を一つのまとまったシステムとしてとらえ、身体部位に力を入れる(緊張)、その状態を保持する、そして力を抜く(弛緩)ということを繰り返しながら、その部位を次の順序(左利きの人は左右逆で実施)で拡げ、最終的に全身をリラックスできるようにするものです。

①右手　②左手　③右足　④左足　⑤両手　⑥両足　⑦両手→両足　⑧両手→両足→胸　⑨両手→両足→胸→腰　⑩両手→両足→胸→腰→顔

身体各部位の緊張のさせ方は、前ページのイラストのとおりです。

逐語・声かけ例

「これから体ほぐしを始めます」

「姿勢を整えましょう」

※姿勢の整え方(例)は次のとおりですが、慣れれば省略します。

「いったん、椅子の背もたれに体をゆだねて、全身から力の抜けた感じを味わえる位置に座りましょう」

「それでは、椅子の背もたれから体を起こして、自分の体は自分で支えるようにしましょう」

「脚は肩幅程度に開き、膝の角度は鈍角(九〇度より大きく)になるように、足を少し前に出し、足の裏全体を床につけましょう」

「両腕はごく自然に、だらんと下に垂らしましょう」

「軽く背中を伸ばし、頭、首、背中がまっすぐになるようにしましょう」

「嫌でなかったら目を閉じましょう」

※閉眼に抵抗を示す児童生徒がいます。その場合は、開眼で取り組むこともＯＫであることを伝えます。

「(他の体の部位はそのままで)右手首を反らせます。右腕全体の緊張を味わって、力を抜きます。ストン。右腕から力が抜けていく感じに気持ちを向けます」

※以下、部位を置き換えて同様に行います。

「左手首を反らせます。左腕全体の緊張を味わって、力を抜きます。ストン。左腕から力が抜けていく感じに気持ちを向けます」

「右足首を反らせます。右脚全体の緊張を味わって、力を抜きます。ストン。右脚から力が抜けていく感じに気持ちを向けます」

「左足首を反らせます。左脚全体の緊張を味わって、力を抜きます。ストン。左脚から力が抜けていく感じに気持ちを向けます」

「両手首を反らせます。両腕全体の緊張を味わって、力を抜きます。ストン。両腕から力が抜けていく感じに気持ちを向けます」

「両足首を反らせます。両脚全体の緊張を味わって、力を抜きます。ストン。両脚から力が抜けていく感じに気持ちを向けます」

※次に、緊張させる部位を重ねていきます。

「ここからは、緊張させる部位を順に重ねます。そして、緊張させた順序とは逆の順序で力を抜きます」

「両手首を反らして、両腕の緊張を味わいます。(両手首はそのままで)両足首を反らして、両脚の緊張を味わいます。(両手首はそのままで)両足首から力を抜きます。ストン。両手首から力を抜きます。ストン。両脚、両腕から力が抜けていく感じに気持ちを向けます」

「両手首を反らして、両腕の緊張を味わいます。両足首を反らして、両脚の緊張を味わいます。(両手首、両足首はそのままで)背中の左右の肩胛骨を寄せるようにして胸の緊張を味わいます。他の部位はそのままで、胸から力を抜きます。ストン。両足首から力を抜きます。ストン。両手首から力を抜きます。ストン。胸、両脚、両腕から力が抜けていく感じに気持ちを向けます」

「両手首を反らして、両腕の緊張を味わいます。両足首を反らして、両脚の緊張を味わいます。(両手首、両足首、胸はそのままで)背中の左右の肩胛骨を寄せるようにして胸の緊張を味わいます。他の部位はそのままで)少しお腹を前に突き出すように腰を反らして、腰の緊張を味わいます。他の部位はそのままで、腰から力を抜きます。ストン。胸から力を抜きます。ストン。両足首から力を抜きます。ストン。両手首から力を抜きます。ストン。腰、胸、両脚、両腕から力が抜けていく感じに気持ちを向けます」

「両手首を反らして、両腕の緊張を味わいます。両足首を反らして、両脚の緊張を味わいます。背中の左右の肩胛骨を寄せるようにして胸の緊張を味わいます。少しお腹を前に突き出すように腰を反らして、腰の緊張を味わいます。(両手首、両足首、胸、腰はそのままで)瞼《まぶた》を固く閉じ、奥歯を噛みしめて、顔全体の緊張を味わいます。他の部位はそのままで、顔だけ力を抜きます。ストン。腰から力を抜きます。ストン。胸から力を抜きます。ストン。両足首から力を抜きます。ストン。両手首から力を抜きます。ストン。顔、腰、胸、両脚、両腕から力が抜けていく感じに気持ちを向けます」

「最後に、ゆっくりと椅子の背もたれに体をゆだね、全身から力の抜けている感じを味わいましょう」

……間は二〇秒……

「それでは、消去動作を行います」

「背もたれから体を起こし、目を静かに開けましょう」

「胸の前でジャンケンの『グー』をつくり、三回両手を前に突き出します。一、二、三」

「膝の角度を直角に戻し、左右に揺すりましょう」

「深呼吸を大きく三回行いましょう」

「最後に、上に大きく伸びをして、はい脱力」

実施上の留意点

力の入れ方、抜き方のポイントを押さえておく

力の入れ方は六～七割程度で十分です。強めに入れたほうが緊張感を実感しやすいのですが、弱めでも徐々にその感じがわかるようになります。力を入れる時間は三～五秒間で、抜く時間は一〇秒以上かけます。児童生徒への具体的な説明としては、次のように伝えます。

力の入れ方は、思いっきり入れるのではなく、力を入れることで体の感じが変化したなと

実感できるくらいで十分です。力の抜き方は、ストンと抜き、生じていた変化が消えていく感じを実感できればよいでしょう。なお、力を入れる部分を置き換える段階(①～⑥)では、力を入れる時間は三～五秒程度、抜く時間は一〇秒程度です。

各部位の感覚を味わうことの大切さを理解しておく

力を入れたときも力を抜いたときも、その部位の感覚を味わうことが大切です。そうすることにより、身体感覚への気づきが鋭敏になり、不随意の緊張に早く気づき、それを抜くことができるようになります。また、これは集中力を高めるトレーニングにもなります。

練習の継続が重要であることを理解しておく

漸進性弛緩法は、実施前に用便を済ませ、食後すぐの実施を避け、一日に二～三回、一回三～五分の練習を行います。継続することで、自分で適切に力を入れたり抜いたりすることができるようになり、心身ともに健康な生活を送ることができるようになります。

それでは、漸進性弛緩法の様々な場面での活用例と、その体験者の感想を紹介します。

保護者向け健康講座での活用

市立K中学校のＰＴＡが主催した、保護者向け健康講座「心と体を癒すリラクセーション」を紹介します。

＜目的＞ストレス解消のためのリラクセーション体験と、その技法の習得

＜対象＞保護者（参加者三七名）

＜時期＞一学期期末考査中の午後（二時間）

＜内容＞次のような導入および展開を行いました。

導入

○今ここでの状態（自分の気持ち）の確認

・状態不安テスト「ＳＴＡＩ・Ｉ」（事前）の実施

○ストレス対処法について

・自分のストレス対処法の確認

・他人のストレス対処法の理解（参考）

展開（①、②ともに仰臥位＜仰向けに寝た姿勢＞で実施）

○メニュー①（主）：漸進性弛緩法

・シェアリング（体験の振り返り）

・他の姿勢での漸進性弛緩法の確認

○メニュー②：呼吸法

・シェアリング（体験の振り返り）

・他の姿勢での呼吸法の確認
○今ここでの状態（自分の気持ち）の確認
・状態不安テスト「ＳＴＡＩ・Ｉ」（事後）の実施
・シェアリング（事前と事後を比較して）
○アンケート記入

＜成果＞
○状態不安（その時その場での不安や緊張の状態）
リラクセーション体験の前後に実施した状態不安テスト「ＳＴＡＩ・Ｉ」の結果は、体験前が四四・一点、体験後が二八・七点でした。体験後に状態不安が大きく軽減しました。

＜感想＞

「体をリラックスさせると、心までゆったりとした気分になりました。私は病気で通院中ですので、つい暗くなりがちなのですが、今は何とも言えず気が楽です」

「こんなに気分がよくなるとは思いもしなかったです。どうやったらストレス解消できるかについては自信があったのですが、先生の優しい言葉がけや口調にかなり癒されました。また、今日学んだことを、授業などで子どもたちにもしていただけるといいなと思いました」

「事前事後の点数がこんなに変化するとは思わなかったので大変驚いています」

「継続して取り組むことで、受験生が気分を落ち着けることができると聞いてびっくりしました。子どもに教えてやりたいです」

「今日は、期末試験中の子どもの不安にも感染してイライラしていたのですが、楽しい気分で帰宅できそうです。生活の中に取り入れたいと思います」

「今日は体調も悪く、気になることも抱えていたので、事前の点数は最悪！　でも今はウソのようにリラックス！　悩みがなくなったわけではありませんが、何とかなるという気持ちになってきました。ヨガを習っているのですが、漸進性弛緩法のほうが簡単なので取り組めそうです」

「私はスポーツをしていて、試合に出ることもあるので、ぜひ活用したいと思います」

授業での活用

市立O高校（単位制総合学科）の選択科目「カウンセリング（学校設定科目）」の授業（一〇〇分）の半ばに、五分間程度の漸進性弛緩法を取り入れている実践です。

＜目的＞

・リラックスして人の話を聞けるようになること
・授業中の気分転換と集中力回復を促すこと
・日常生活におけるストレスマネジメントに生かすこと

＜生徒と教師の感想＞

「スーッと何かが抜けた感じで、心身が楽になります」

「体がジワーッとなり、リセットされた気がします」

「授業に集中できます。集中力がつきました」
「この授業の後、他の授業でも眠たくなりません」
「落ち着いてテストを受けられるようになりました」
「生徒は楽しみながら取り組み、柔らかい喜びの表情に変わります。授業の雰囲気がよくなり、難しい内容の講義もやりやすくなりました。生徒との人間関係もよくなったと思います」

体育・スポーツでの活用

次は、市立S中学校の体育教師(日本サッカー協会岡山県トレーニングセンタースタッフ)が、体育授業の単元「体ほぐし」の題材として、またサッカー県選抜チームのメンタル面強化のための指導スキルとして、ともに中学三年生を対象に漸進性弛緩法を活用した際の感想です。

「一回の指導であり、かつ短時間であったためスキルとして十分に身についたとは言えませんが、長期的・定期的に取り組めば、効果は期待できると実感しました」

「生徒は遊び感覚(興味半分)、選手は自己のスキルアップのためというように、生徒と選手では動機づけの段階で差がありました。そのため、『体ほぐし』の題材として活用する場合、動機づけを高める導入の工夫と、そのための時間確保が必要だと感じました」

「自分の体の細部に気持ちを向けることと、心をコントロールすることとの間に共通性が感じられました。これは、漸進性弛緩法の取り組みそのものが集中力を高めるトレーニングになっていて、それが心理的に安定した学校生活や競技におけるパフォーマンスの安定と向上につながるのだと思いました」

リーダー講習会での活用

最後に、町立K中学校の生徒会執行部を対象にしたリーダー講習会(六回プログラムの最終回)で漸進性弛緩法を体験した生徒、顧問、参加教師の二か月後の感想です。

「漸進性弛緩法すごく効きました。すっごく眠くなって、気持ちよかったです。家でも試してみたら、よく眠れるようになって、目覚めもよくなりました。だから、ずっとやっています」

「疲れた日やなかなか眠れない日の夜にやっています。何となく楽になって、気持ちよく眠ることができます。勉強の合間に気分転換の方法としても活用しています」

「リーダー講習会を実施した結果、リーダーとしての自覚が芽生え、主体的積極的な活動が見られるようになりました。しかし、その反面ストレスを溜める状況も必然的に増え、そうしたときの対応策の一つとして漸進性弛緩法を活用しているようです。特に、生徒の感想にもあるように、悩んだり腹が立ったりして眠れない夜での活用はとても有効なようです」

「手や足の一部に力を入れたり抜いたりするのは、初めての経験で少し難しかったです。しかし、手、足、胸(背中)、腰ときて、最後の顔に力を入れて抜いたとき、今まで変に力が入っていたことに気づきました。そして、急に全身の力が抜けたようで、とても気持ちよかったです。何事にも長続きしない私ですが、家で寝る前と朝に継続できています。寝る前は、仕事で肩だけでなく全身が凝っている状態が楽になり、眠りにつけます。朝は、一度起きた後にやっており、寝坊してできない日と比べ、やれた日は体が軽くて気持ちよく動けます。教えていただいて本当によかったと思います」

4

動作法（セルフリラクセーション・肩の弛《ゆる》め）

動作法とは

約四〇年前、脳性麻痺の青年を催眠に誘導した際、上がらなかった腕が上がることが報告されました。これを機に脳性麻痺児・者の運動改善をめざした心理学的なアプローチが始まり、催眠中の何が運動改善に有効なのかが検討されました。その結果、催眠中の弛緩《しかん》(体が弛んだ状態)が大切であることが明らかになりました。

この弛緩は、他者に弛めてもらう他律弛緩ではなく、自分自身が弛める自己弛緩です。自己弛緩の代表的なものとして、自律訓練法と漸進性弛緩法があります。しかし、いずれもすべて一人で行うものであり、脳性麻痺児・者にはどのように努力すればよいかが難しい問題でした。

そこで、援助者が、被援助者の緊張している身体部位に手をそえて一緒に動かしたり、弛めるまで待ったりする弛緩訓練が開発されました。また、単一関節部位を自分でうまく動かせるように援助する単位動作訓練、日常生活の動作の基本となる立位や歩行を援助する基本動作訓練が考案されました。この三つの訓練を総称して「動作訓練」と呼び、体系的な訓練法が開発されました。そして、脳性麻痺児・者の一週間集団宿泊形式の訓練キャンプが開始され、動作訓練を中心に、集団療法（心に働きかける遊戯療法）と生活指導（食事や排泄など）も行われました。この三つを柱とする「心理リハビリテーション」がこうして誕生しました。

動作訓練は、養護学校における養護・訓練（現在の自立活動）の主要な方法として受け入れられました。また、心理リハビリテーションキャンプの取り組みの中で、障害の重度重複化や訓練拒否児・者の出現に伴う技法改変として、座位や膝立ち、立位といった姿勢動作の中で訓練する「タテ系動作訓練法」が考案されました。姿勢動作中心であり、訓練成果がすぐに日常生活に活用されたことと、させられる体験より自分でする体験が強調されたことにより、課題が解決し現在に至っています。

脳性麻痺児・者への訓練として開発された動作訓練は、様々な障害にも適用され効果を上げてきました。そこで、動作そのものの改善ではなく、問題行動や対人関係など、動作以外の心理行動の改善を目的として動作を用いるときに、「動作療法」と呼ぶことになりました。自閉症児や多動児、不登校や神経症・心身症、精神疾患、高齢者等々へと適用が広がり、その効果が報告されました。また、スポーツ選手のパフォーマンスの安定や向上を図るメンタルトレーニングや、震災などの被災者の心の回復支援などにも適用され、その効果が報告されています。

このように、当初、動作の改善を目的として開発された動作訓練は、全人格的成長を促す心理療法として、また、健康増進のための健康法として発展してきました。それらすべてを総称して「臨床動作法」（または、単に「動作法」）と呼び、適用の場や目的に応じて、障害動作法、治療動作法、スポーツ動作法、教育動作法等々として、発展・深化しています。

動作法の実際

動作法では、援助を必要とする人（トレーニー）が援助する人（トレーナー）の言葉かけや援助の手の感じから、自分で弛めるコツを少しずつ習得していきます。したがって、マン・ツー・マン方式の援助関係が基本です。

本書は、いつでも、どこでも、一人でできる技法の紹介ですので、動作法の様々な形態と幅広い内容の中から、現在、ストレスマネジメント教育の中で広く活用されている「セルフリラクセーション・肩の弛め」を紹介します。

逐語・声かけ例

「これから肩を弛めてリラックスしましょう」

「構えの姿勢をとりましょう」

※構えの姿勢は次のとおりですが、慣れれば省略します。

「椅子の背もたれから体を起こして、自分の体は自分で支えるようにしましょう」

「脚は肩幅程度に開き、膝の角度は直角です」

「両腕はごく自然に、だらんと下に垂らしましょう」

「頭のてっぺんからお尻まで一本のしなやかな軸を通しましょう」

「その軸を少し前に倒したり後に傾けたりして、一番どっしりする感じのところに体を据えましょう」

※腰を反らしすぎる児童生徒がいます。その場合は、おへそを引っ込めるように注意し、頑張りすぎず楽に取り組むことを伝えます。

「嫌でなかったら目を閉じましょう」

※閉眼に抵抗を示す児童生徒がいます。その場合は、開眼で取り組むこともＯＫであることを伝えます。

※力の入れ方はⒶ、Ⓑの二種類です。

Ⓐ「両肩を耳につけるようにゆっくりと上げましょう。いっぱいに肩を上げたら、肩以外に力が入っていないか確かめてみましょう。両肘や指先に力が入っていませんか。顔はスマイルです」

Ⓑ「今度は両肩を開くように、後ろのほうに反っていきましょう。肘が動いていたり、お腹が突き出て背中が反ったりしていないかを確かめながら、肩だけに力を入れて開いていきます。いっぱいに肩を反らせたら、肩に力を入れたまま、他の所に力が入っていないか確かめましょう。頭は真っ直ぐですか。背中、腰、両脚などに力が入っていませんか。顔はスマイルです」

※弛め方はⓅ、Ⓠの二種類です。

Ⓟ「はい、肩の力を抜きましょう。ストーン。抜いた後も、すぐ動かないで肩の感じを感じてみましょう。すると、もっと力が抜けることがあります」

Ⓠ「はい、今度はゆっくりと肩の力を抜きましょう。ジワーッ。抜いた後も、すぐ動かないで

肩の感じを感じてみましょう。もっと力が抜けることがあります」

「Ⓐ＋Ⓟ」(二回実施)

「Ⓐ＋Ⓠ」(二回実施)

「心地よかったほうをもう二回繰り返しましょう」

「それでは、静かに目を開け、深呼吸を三回行いましょう。そして、最後に大きく伸びをしましょう」

※Ⓐが習得できたら、ⒶをⒷに置き換えます。ⒶもⒷも習得できたら、「Ⓐ＋Ⓟ」「Ⓐ＋Ⓠ」「Ⓑ＋Ⓟ」「Ⓑ＋Ⓠ」を各一回実施して、一番心地よかったものを二回繰り返します。

実施上の留意点

適度な緊張感(構えの姿勢)の大切さを理解しておく

「セルフリラクセーション・肩の弛め」は、適度な緊張感(構えの姿勢)を維持して行うことが大切です。試験や試合の直前などは、リラックスしすぎると実力発揮できませんので、単に緊張を弛めればいいというものではありません。そのため適度な緊張感を維持しながら余分な緊張を弛め、その時その場の活動に応じた適切な緊張レベルに近づけることが大切です。

頑張りと弛めの感覚の大切さを理解しておく

頑張り（力を入れる）は肩の一か所だけであり、他の部位は弛んでいる（力が入っていない）ことを常に意識しておくことが大切です。力を抜いた後、弛む感じを味わいながら、「もっと弛むといいな」という思いで少し待ちます。すると、意識的には弛めることができない緊張が弛む感じを味わえることがあります。こうした頑張り感や弛める感覚が大切であり、自己コントロール能力を高めることにつながります。

ペアリラクセーションの体験の必要性を理解しておく

動作法は一対一の援助関係が基本です。そのため、援助者と被援助者の関係で行うペアリラクセーションでは、肩の弛みの心地よさをセルフリラクセーションでの体感より明確に実感できます。また、自分の頑張り方や弛め方（弛み方）を気づかせてもらい、また相手の頑張り方や弛め方（弛み方）を直に感じながら援助体験ができます。動作法は、このペアリラクセーションの体験を踏まえて実践するのが望ましいと思います。

そこで、次にペアリラクセーションについて簡単に紹介し、セルフリラクセーションとペアリラクセーションの両方の体験を盛り込んだ実践例を紹介していきましょう。

ペアリラクセーション

ペアリラクセーションでは、最初、誘導者が支援者（トレーナー）と被支援者（トレーニー）の両者に声かけをし、活動を展開します。ここでは、トレーナーの支援内容により、次の三段階に設定しました。各ステップともに、二回繰り返した後、トレーナーとトレーニーの役割を交代します。そして、二人で体の感じや、それぞれの立場で気づいたことを振り返り、次のステップに進みます。

ステップ1（声かけだけの支援）

セルフリラクセーションの肩の上下プログラムとほぼ同様の展開ですが、次のようなトレーナーの活動が加わります。

・トレーナーはトレーニーの後ろに立ち、姿勢を確認し、歪みがあれば指摘しその矯正を励まします。

・誘導者の指示に従いトレーニーが肩を上げているとき、トレーナーは、肩以外の身体部位に力が入っていないことを確認し、入っていれば指摘し脱力を励まします。

・トレーニーが肩を最大限に上げて保持しているとき、トレーナーはそのときの感じをトレーニーに尋ねます（言葉のやりとりは、簡単に一言二言で行います）。

・誘導者の指示に従いトレーニーが肩を下げ脱力した感じを味わっているとき、トレーナーはそのときの感じをトレーニーに尋ねます。

ステップ2（肩に手をそっと添える支援）

ステップ1とほぼ同様の展開ですが、トレーナーの活動として、次のことが加わります。

・最初にトレーナーの両肩にそっと両手をのせます。その感じは、赤ちゃんに触れるときのような、かわいい小動物を包み込むときのような、柔らかくやさしいものです。

・トレーニーの両肩の動きに追随し、トレーニーの動作努力を感じ取るようにします。そして、主体的な緊張や脱力だけではなく、不随意的な緊張や脱力も見逃さず、トレーニーにフィードバックします。

ステップ３（腕をしっかりと支える支援）

ステップ２とほぼ同様の展開ですが、トレーナーの活動として、次のことが加わります。

・トレーニーが両肩を引き上げて保持しているとき、誘導者が「そのまま肩が下がらないように頑張ってください」と励ました後、自分の手をトレーニーの両上腕に移動させ、しっかりやさしく持って支えます。そして、そのときの感じを尋ねます。

・誘導者の指示に従いトレーニーが両肩を脱力したとき、両肩が下がらないように、その腕をしっかりと受け止め支えます。そして、そのときの感じを尋ねます。

・誘導者の指示に従いトレーニーの両腕をゆっくりと下ろし、腕を持ったまま、そのときの感じを尋ねます。

※ペアリングでは、パートナーを同性にしたり、人間関係の状況を考慮したりなどの配慮が必要です。

（詳細は、巻末の参考文献「山中・冨永、二〇〇〇年」「山中・冨永、一九九九年」「成瀬、二〇〇一年」を参照）

教員研修での活用

県教育センター主催の学校教育相談宿泊研修（初級・二泊三日）と県高等学校教育研究会（高教研）教育相談部会の研修会で、動作法（肩の弛め）を紹介したときの内容と受講者の感想です。

＜内容＞

導入
○今ここでの状態（自分の気持ち）の確認
・状態不安テスト「ＳＴＡＩ・Ｉ」（事前）の実施
○ストレス反応と対処法について
・自分のストレス反応と対処法の確認
・他人のストレス反応と対処法の理解（参考）

展開（①、②ともに椅子姿勢で実施）
○メニュー①：セルフリラクセーション
・シェアリング（体験の振り返り）
○メニュー②：ペアリラクセーション
・ステップ１〜３の体験
・シェアリング（各ステップごとに、体験の振り返り）
○今ここでの状態（自分の気持ち）の確認

・状態不安テスト「ＳＴＡＩ・Ｉ」（事後）の実施
・シェアリング（事前と事後を比較して）
○アンケート記入

＜成果＞
○状態不安（その時その場での不安や緊張の状態）
　体験の前後に実施した状態不安テスト「ＳＴＡＩ・Ｉ」の結果は、宿泊研修では体験前が四〇・六点、体験後が二六・三点、高教研の研修では体験前が四九・八点、体験後が三一・六点でした。ともに体験前後で、状態不安が大きく軽減しました。

＜感想＞
「セルフリラクセーションについて」
・「肩の力が抜けるとは、こういう感じなのか」と実感できた。
・肩を上下するだけの動きなのに、とても気持ちよく、肩や手が温かくなるのが不思議でした。
・自分自身が固まっていたことに気づけました。肩の開きは難しいが、習得すると気持ちよさそうだった。
・下りたはずの肩が、誘導者の言葉「もっと力が抜けることがあります」の後に、すーっと下がり驚きました。
「ペアリラクセーションについて」
・自分だけに声かけしてもらう心地よさと、寄り添ってもらう安心感があった。

・もうこれ以上は上がらないと思っていた肩が、トレーナーの「もう少し頑張れますか」の言葉につられて、まだ上がりびっくりしました。

・肩の脱力を受け止めてもらい、ゆっくりと下ろしてもらったとき、信じられないくらいに肩が下がった。

・自分では限界だと感じても、まだ力を入れたり抜いたりできる感覚が味わえた。

「二つを比較して」

・ペアのほうが、抜ける感じをはっきりと実感できる。

・相手の温かさが伝わってきて、落ち着ける。

・ペアでやると気持ちよさや力の抜け方が違うが、トレーナーとしての技術や慣れが必要だと思った。

・セルフのほうがよい。相手がいると意識してしまう。

「その他」

・状態不安テストでこんなに事前と事後とで得点差があり、驚いた。

・視野が明るく(広く)なった。視力が回復した。

ストレスマネジメント教育の中での活用

市立S中学校での学級担任による、学活の時間を活用したストレスマネジメント教育の実践です。

＜目的＞・ストレスマネジメント技法を体験的に習得し、日常生活で活用できるようになること
・初めての中間考査を無事乗り切ること

＜対象＞一年D組三七名

＜時間＞一学期中間考査の直前の学活の時間

＜内容＞
ストレスマネジメント教育の三回プログラムの第三時です。「ストレスの理解」「（ストレスに関する）自己への気づき」の二時間の授業を踏まえ、一〇秒呼吸、セルフおよびペアリラクセーションを体験するものです。

＜生徒の感想＞
・（肩の上げ下ろしをやって）楽な気持ちになった。
・なんか「すっきり」した〜って感じ。あと、なんかテストが頑張れそう。
・微妙に力が抜けきれないけど、体の中がすっきりしたみたい。もやもやしたのが消えたのかな？
・とてもハッピーな気分でリラックスできた。
・緊張しているときにしたら、すっごく緊張がほぐれそう。
・一人よりも二人のほうが、やった後は楽だった。
・やっぱり一人でやったほうが落ち着く。

5 さわやかイメージ法

イメージ法とは

イメージという語は、様々な領域で、いろいろな意味で使用されており、厳密に定義するのは困難です。ここでは、「現実の刺激の知覚とは異なる、心の中や、頭の中、身体の中で生じる感覚」(門前、一九九五年)に従います。一般的には、目の前に浮かぶ写真や映像のような視覚的なイメージが連想されますが、それ以外の五感に対応した聴覚的、臭覚的、味覚的、触覚的なイメージ、そして運動感覚的なイメージも含みます。

水平線の見える穏やかな海の景色を眺めていると、ゆったりと広々とした気分になったりします。小川のせせらぎや小鳥のさえずりを聞いているとのどかな落ち着いた気分になったり、ラベンダーなどの花畑で心地よい香りに包まれているとさわやかなすっきりとした気分になったり、大好きなものを食べているときには幸せに満ち足りた気分になったり、柔らかく感触のよい毛布を撫でていると優しく温かい気分になったりします。

このように、人はその場面の状況や体験に応じて気分が変化し、身体もそれに応じた状態になります。

そうした場面のイメージを想起する(心や頭の中で想像する)ことができるようになると、その場面を実際に体験した場合と同様の反応もしくはそれに近いものが、心や身体の状態に現れるようになります。このような「イメージを想起した際の体験とともにその反応を大切にした、現実生活をよりよいものにすることを目的とした、イメージの活用法」をイメージ法と言います。

イメージ法には、心身のリラックスを図ったり深めたり、気分転換や気持ちの整理をしたり、学習の活動を促進したり効果を高めたり、困難場面の克服や問題解決を促進したりなど、多種多様な方法が開発されています。

さわやかイメージ法の実際

ここでは、リラクセーションとしてのイメージ法である「さわやかイメージ法」を紹介します。

逐語・声かけ例

まず、リラクセーション(一〇秒呼吸法、漸進性弛緩法、自律訓練法、動作法「セルフリラクセーション・肩の弛《ゆる》め」等)を実施し、ある程度のリラックス状態からイメージの誘導(声かけ)を始めます。

「リラックスすると、イメージが浮かびやすくなります。自然体で待っていると、やがて目の前に、気持ちがほっとする、たとえば野原や砂浜、自分の部屋などが浮かんできます。自然にふっと、目の前に浮かんできます。それは、はっきりしたイメージとして浮かぶこともあれば、はっきりしないけれど、こんな感じかなといったぼんやりしたものとして浮かんでくることもあります」

「身体全体がゆったりして、ほっとしていると、さわやかで気持ちが落ち着くイメージが浮かんできます。それは、いままで経験した場所、とても気持ちのいい思い出がつまった場所であったり、いままで経験したことのないとても気持ちがいい場所であったりします」

「ぼんやり眺めていると、だんだんはっきりしてきます。なんにも浮かんでこない人は、そのまま、浮かんでこなくても大丈夫です。無理をしないで、待ってみるだけでいいのです」

「何かイメージが浮かんできた人は、ちょっと手首を立てて、合図を送ってください。浮かんできた人は、そのイメージに浸って、もっとくつろぎましょう。座ったり、寝そべったり、思い思いの姿勢で、ゆったりしましょう」

「そうやって、ゆったりしていると、エネルギーがだんだん湧いてきます。そうやって、ほっとしていると、心も身体も元気が湧いてきます」

「少し、気分や身体の感じを味わってみましょう。しばらくのあいだ、黙っていますので、その気分や身体の感じをゆっくりと味わってみましょう」

……間は一分程度……

「それでは、少しの時間でしたが、さわやかな、ほっとするイメージを浮かべる体験をしました。はっきりと浮かんだ人もいれば、ぼんやりと浮かんだ人もいれば、全然浮かんでこなかった人もいたかもしれません。すべて、それでいいのです。このように、静かな時間を持つだけで、心と身体のエネルギーが充電されるのです。

「それでは、これから消去動作を行います。まず、この場所（教室等）に気持ちを戻しましょう。次に、すっきりと目を開けるために、手の平をグーパー、グーパーします。肘を曲げて伸ばして、曲げて伸ばして。脚を曲げて伸ばして、曲げて伸ばして。最後にぐーっと背伸びをして。はい、すっきりと目を開けましょう」

「さあ、『勉強に集中するぞ』『自分の力を発揮するぞ』という気持ちを身体に届けましょう」

実施上の留意点

イメージ想起の前提にリラクセーションが必要であることを理解しておく

いろいろなことに注意を向けている日常的な緊張状態では、なかなかイメージを想起できません。しかし、リラックスするとイメージが浮かびやすくなります。そのためイメージを想起する前提として、何らかのリラクセーションを実施してから行うことが大切です。そして、イメージ法により、リラクセーションで得られたリラックス状態をさらに深化させることができます。

不快な感情を伴うイメージは扱わない

目を覆いたくなるような悲惨な状況では気持ちが大きく動揺したりします。窓ガラスに爪を立てて鳴らす音を聞くと背筋がぞーっとしたり、悪臭を嗅いだときやまずいものを食べたときには不快な気分になったり、危険な物や気色悪い物に触れるときには緊張や不安が高まったりします。

さわやかイメージ法では、そうした不快な感情（不安、不満、緊張、恐怖等）を伴うような場面のイメージは扱いません。あくまで快感情（安心、安全、弛緩、成就・達成、至福等）を伴うイメージに限定することが大切です。

なお、不安や緊張を伴う困難場面をイメージし、そのイメージの中で困難場面の克服を行うイメージリハーサル法がありますが、実践にはかなりの注意を必要とします。そのような実践をする場合は、イメージ活用に関する研修をしっかりと積んでから実践することが大切です。

イメージ想起は個人差が大きいことを理解しておく

イメージには、指示されたものをイメージする指定イメージと、自由にイメージを展開する自由イメージがあります。どちらにしても最初は難しく、なかなかイメージを想起できません。そのため、誘導どおりのイメージがはっきりと浮かばない場合（ぼんやりと浮かぶ場合、まったく浮かばない場合）もＯＫであることと、体験すること（取り組みそのもの）に意味があることを事前に説明し、体験中にもコメントを挿入することが必要です。

また、途中でやめることも認めておき、その場合はきちんと消去動作を行うことを指示しておきます。そして、他の場所への移動を誘導した場合は、そのイメージ体験を実施している場所（教室等）へ戻ることを誘導してから消去動作を行うことが大切です。

体験の仕方や内容を確認しておく

イメージ体験をより効果的なものとするには、その体験の仕方や内容をアンケート等で確認し、必要に応じて個別支援を行うことが大切です。

イメージには、自分自身を後ろから見ているような観察イメージと、自分自身があたかも実際の体験をしているような体験イメージがあります。また、イメージの鮮明性（はっきりと浮かべることができる）と統御性（コントロールできる）も大切な視点です。そのため、どのような体験の仕方をしているのか、どのような内容が展開されているのかを確認することが必要です。

それでは次に、さわやかイメージ法を活用したストレスマネジメント教育の実践事例を紹介します。実践後に行った実践者と筆者との振り返りも付しておきます。

ストレスマネジメント教育の中での活用

市立Ｏ小学校での学活の時間を活用したストレスマネジメント教育の実践です。

＜目的＞・イメージを活用したリラクセーション体験を通してリラックスする必要性を理解する
・簡略なストレスマネジメント技法を体験的に習得し日常生活で活用できるようになる
＜対象＞六年二組二二名（男子八名、女子一四名）
＜時間＞学活の時間（一一月中旬）
＜場所＞音楽室（寝転ぶことができる場所）

〈内容〉次のような導入および展開を行いました。
導入
○今ここでの状態(自分の気持ち)の確認
・児童用状態不安テスト「STAIC・I」(事前)
○ストレス対処法について
・スポーツ少年団に所属している児童の体験談「あがりの克服や実力発揮にはリラックスが必要」
・スポーツの世界等で取り組まれているメンタルトレーニングの紹介
展開(①②ともに仰臥位〈仰向けに寝た姿勢〉で実施)
○メニュー①:脱力練習と一〇秒呼吸法
・シェアリング(体験の振り返り)
○メニュー②(主):さわやかイメージ法
・シェアリング(体験の振り返り)
○今ここでの状態(自分の気持ち)の確認
・児童用状態不安テスト「STAIC・I」(事後)
・シェアリング(事前と事後を比較して)
○アンケート記入

〈成果〉
○状態不安(その時その場での不安や緊張の状態)
体験の前後に実施した児童用状態不安テスト「STAIC・I」の結果は、体験前が八・五点で、体験後が二・六点でした。体験前に比べて、体験後は状態不安が大きく軽減しました。
○イメージの想起とリラックスの実感
「誘導したイメージを浮かべることができましたか」に対し、「はっきり浮かんだ」が三名、「少しは浮かんだ」が一〇名、「あまり浮かばなかった」が四名、「全然浮かばなかった」が五名でした。また、「リラックスした感じを実感できましたか」に対し、「はい」が二〇名、「どちらとも言えない」が二名、「いいえ」は〇名でした。イメージの想起の状況は多様でしたが、大多数（九一％）の児童がリラックスした感じを実感できていました。なお、「どちらとも言えない」と答えた二名は、イメージの想起について「はっきり浮かんだ」が一名、「全然浮かばなかった」が一名でした。

＜児童の感想＞
①イメージについて
・イメージしていたら落ち着いてきて、心地よかった。
・自分だけのイメージが浮かび、不思議な感じ。
・静かなところで気持ちも落ち着いたし、自分だけの世界にいたように思えた。
・海の波がゆったりゆったり打っていた。それをゆったりと自分が見ていた。
・声かけとは全然違うイメージだったけど、ゆっくり静かな時間を過ごせた。
・ちょっと浮かんだけど、すぐ消えた。だけどとてもリラックスできた。
・イメージは浮かばなかったけど、とてもリラックスできた。
②体験について
・すっごく心地よくて、安心できたし、満足した。

・なんだかほっとして、リラックスできたと思う。落ち着かないときにすればいいと思った。
・嫌なことを忘れるようでよかった。もうちょっと長くリラックスしていたかった。
・すごくゆったりできて、いいひとときを過ごした気分。昼寝した後の気分だった。
・心地よく、眠りそうだった。
・初めての体験だけど、リラックスできて、気持ちも落ち着いたから家でもやろうと思いました。
・呼吸法は、何かを想像しなくてもリラックスできるので、簡単でいい方法だと思う。
・すごく気持ちがよかったが、部屋が寒かった。
・部屋が寒かったけど、とてもリラックスできて眠かった。だけどやった後、頭が少し痛かった。

〈教師の感想〉

慣れていない自分(実践者は自律訓練法を習得しており、その他多くの技法も体験済みですが、イメージ誘導の経験が少なく、児童への実践は初めてでした)が、うまく子どもたちにイメージを誘導できるか不安でした。しかし、メンタルトレーニングの話をし、脱力練習と一〇秒呼吸法を実施した頃にはゆったりとした気持ちになっていました。その後、誘導文を子どもたちの様子に注意を払いながらゆったりと読みました。体験後の子どもたちに感想を聞いてみると、予想以上にリラックスできていたようであり、正直なところ少々驚きました。他の技法に比べ、リラックスが深まりやすいのを実感しました。

仰臥姿勢の基本(仰向けにゆったりと寝転びます。両足は肩幅程度に開き、両手は身体から一〇～二〇㎝程度離して置きます。掌は上、下どちらに向けてもよいです。後頭部が痛くならないように、枕代わりにタオルを準備しておきます)について指導しましたが、体験に気乗りしない児童には強要せず、ある程度自由な姿勢を許容しました。その結果、床から少し高い段の上に両脚をのせた姿勢で体験した児童は、脚に重い感じが残り、児童用状態不安テスト「ＳＴＡＩＣ・Ｉ」の得点においても、ただ一人、事前より事後が高くなりました。

会場が寒くて体験後に寒さや軽い頭痛の訴えがあり、体験する環境に対する配慮の必要性を実感しました。

＜実践者と筆者との振り返り＞

・寝転んでの体験では、リラックスが深まりやすいので、睡眠に移行する児童が出る可能性もあり、姿勢や時間の設定を慎重に行う必要性を確認しました。

・気温等の周囲の環境調整が必要であり、心地よい体験につながる配慮の必要性を確認しました。

・頭痛を訴える児童が出たことは、姿勢と時間（リラックスの深さ）、温度（寒さ）、消去動作の取り組み状況などが要因の一つだと考えられること、そうしたことが起きないための配慮と慎重さが必要であること、出た場合は、個別指導によりある程度のリラックス状態からきちんと消去動作まで誘導し直すことが大切であることを確認しました。

・取り組みの自由度（気が向かない児童は、取り組まなくてもよいが、人の邪魔はしない）を高めることの重要性を確認しました。しかし、そのままで脱力（リラックス）すると不快な感じが残ると予想できる姿勢をとっている場合は、心地よい体験につなげるための事前の声かけが必要であることを確認しました。

・体験者が途中で中断したくなった場合の対処の仕方や消去動作について、事前に説明しておくことの重要性を再確認しました。

リラクセーションの実践上のポイント

リラクセーションの活用について、「実践上のポイント」と、「活用のまとめと今後の期待」について述べたいと思います。

実践上のポイント

私はこれまで、多くの集団に(単発的または継続的に)リラクセーションの紹介や習得の支援を行ってきました。その経験を振り返ってみると、次のようなことが、学校でリラクセーションを実践する際の重要なポイントだと思います。

開発的・予防的な目的で活用する

問題解決的・治療的な目的ではなく、開発的・予防的な目的でリラクセーションを活用することが大切です。児童生徒一人ひとりが、よりよい学校生活を送ることができるようになることを第一義にします。

学級・クラスの雰囲気が温かく親和的になったり、児童生徒が明るく自発的になったりするようなリラクセーションを実施するためには、実践者は導入をていねいに行い、児童生徒が目的を十分に理解できてから実施することが重要です。

ストレスマネジメント教育としての視点を大切にする

ストレスマネジメント教育は、四つの柱(①ストレスについての正しい理解、②自分のストレスについての気づき、③ストレスマネジメント技法の習得、④ストレスマネジメント技法の活用)から成り立っており、リラクセーションは、ストレスマネジメント技法の一部と考えればよいと思います。単にリラクセーションを活用するのではなく、広くストレスマネジメント教育の一環としての実践ととらえておくことが大切だと思います。

そのため、実践者は自らがリラクセーションを身につけ、ストレスとつきあい上手になった上で、児童生徒がストレスとつきあい上手になるための支援に取り組むことが望まれます。

自己コントロール法としての視点を大切にする

リラクセーションは、「緊張の適切なコントロールを身につけることにより、心身の健康の回復・維持・増進を図る自己コントロール法」であり、最終目的は、いつでも、どこでも、一人で活用できるようになることです。したがって、児童生徒が習得し活用できるようになるまで支援することが大切です。一度の導入と体験だけでは、多くの児童生徒は習得し活用できるようになるまでの継続的な取り組みができません。実践者は児童生徒のニーズとペースを尊重して、習得に向けた段階的、継続的な取り組みを計画的に行うことが重要です。

体へアプローチする技法に重きを置く

本書の基になった雑誌連載時のタイトルは「心も体も解きほぐすリラクセーション」でしたが、心と体の両面が解きほぐされることが大切です。その心と体の解きほぐされる順序から言うと、リラクセーションには、心を解きほぐすことによって体が解きほぐされるものと、反対に体を解きほぐすことによって心が解きほぐされるものに大別できます。

私は最初の頃は「心へアプローチする技法」に重きを置いていた傾向がありました。しかし、児童生徒の中には、心の中での作業が不得意であり、取り組みに困難を感じる子も少なくありませんでした。そのため、児童生徒にとってわかりやすく取り組みやすい、具体的な身体の動きを伴う「体へアプローチする技法」へ徐々に移行しました。現在は二種類の技法を紹介し、本人に選択してもらうことを原則にしています。

これからの学校では、「体へアプローチする技法」が主流になると考えられます。それは、どの技法も留意点を押さえて実施すれば問題はありませんが、特に「体へアプローチする技法」では、副作用的なことはまず起こらないからです。実践者はまず「体」へアプローチし、次に「心」へアプローチしていくのが妥当だと考えます。

活用のまとめと今後の期待

予防的・開発的支援として、学習、進路、健康の三分野とその他に分けて整理しました。

①学習支援

授業始めのリラクセーションの活用により、授業者と学習者の授業への心身の準備や雰囲気づくりができます。一般科目では、注意力の増大、記憶力の改善、学習内容の定着等が図られ、その結果として成績向上等につながります。課題制作や演習中心の科目では、心身のリラックスした状態で落ち着いた取り組みが展開され、完成度の高い作品制作や技術向上等につながります。体育や作業中心の科目では、身体の余分な緊張が解けることにより、スムーズな動きが促進され、パフォーマンスの向上、作業の円滑な遂行、事故や怪我の予防等につながります。

小・中学校においては平成一四年度から、高校においては平成一五年度から全面実施されている学習指導要領では、新たに小学校五、六年生の体育と、中学校、高校の保健体育の指導内容に「体ほぐしの運動」が設定されました。体ほぐしの技法として、リラクセーションは中心的な教材となり得ます。そのため、担当教師がリラクセーションについて研修し、身につけ、活用できるようになることを期待しています。

②進路支援

リラクセーションには、受験に対するクッション効果があります。そのため、過度の不安や緊張に苦しんでいる多くの受験生への支援にリラクセーションを活用することにより、プレッシャーを感じることなく受験日を迎えることができたり、日々行っているリラクセーションを受験本番で活用し、実力を発揮できたりします。これは、進学に限らず、就職試験についても同様です。

進路指導の中で、あがり等による不本意な受験にならないための予防策としてリラクセーションを指導する学校も出てきており、今後さらにそうした実践が広がることを期待しています。

③健康支援

リラクセーションは、健康支援のための教材化、プログラム化に向いています。そのため、総合的な学習の時間や学活・LHR等で展開可能なストレスマネジメント教育(健康教育の一環)や、部活動におけるスポーツメンタルトレーニングの指導等において、それらの中核技法として活用できます。

盲学校や聾学校、養護学校の教育課程には、小・中・高校にはない「自立活動」という特別の指導領域があります。その目標は、「児童生徒が自立を目指し、障害に基づく種々の困難を改善・克服するために、必要な知識、技能、態度及び習慣を養い、もって心身の調和的発達の基盤を培う」ことです。内容は、健康の保持、心理的な安定、環境の把握、身体の動き、コミュニケーションの五つであり、健康の保持、心理的な安定等の分野においてリラクセーションの活用が可能です。そして、その必要性は大きく、今後の特別支援教育の中でのリラクセーション活用の広がりを期待しています。

④その他

児童生徒向けには、特別活動の場で様々な活用が可能です。また、保護者や教師向けの研修会等で紹介し、それぞれのストレスマネジメントに役立てていただくことができます。さらに、学級・学年懇談会等の中で和やかな雰囲気づくりや人間関係づくりにも活用できます。

多くの児童生徒、保護者、教師がよりよく生きるためのライフスキルの一つとして、リラクセーションを身につけていただければと願っています。

参考文献

藤原忠雄　一九九四年「リラクセイションの活用に関する研究」岡山県教育センター研究紀要第一七五号

藤原忠雄　一九九六年「リラクセイションの活用に関する研究Ⅱ」（未公刊）〈内容の一部・山陽放送学術文化財団「リポート」第四〇号所収〉

藤原忠雄　一九九七年「リラクセイション」岡山県学校教育相談研究記録『淼《ひょう》』第二〇号

藤原忠雄　二〇〇二年「呼吸法で心も体もリフレッシュ!!」『月刊学校教育相談』（一月号）ほんの森出版

春木豊・本間生夫　一九九六年『息のしかた』朝日新聞社

James E. Loehr and Jeffrey A. Migdow 1986 TAKE A DEEP BREATH　小林信也（訳）『実戦メンタルタフネス——心身調和の深呼吸法』ＴＢＳブリタニカ　一九八八年

和歌山教育催眠研究会（編）一九八六年『【入門】自律訓練法』朱鷺書房

笠井仁　二〇〇〇年『ストレスに克つ自律訓練法』講談社

松岡洋一・松岡素子　一九九九年『自律訓練法』日本評論社

佐々木雄二（監）一九九三年『心を強くする自律訓練法入門』（ビデオ）ごま書房

藤原忠雄　二〇〇四年「メンタルトレーニングの実践例・2」『体育科教育』（二月号）大修館書店

藤原忠雄　一九九六年「保健室で活用するリラクセイション」『健康な子ども』（四月号）日本生活医学研究所

松原秀樹　一九八三年『リラクセーションの基礎と実際——自律訓練法と筋弛緩法』適性科学研究センター

冨永良喜・山中寛（編）一九九九年『動作とイメージによるストレスマネジメント教育・展開編』北大路書房

山中寛・冨永良喜（編）二〇〇〇年『動作とイメージによるストレスマネジメント教育・基礎編』北大路書房

山中寛・冨永良喜（監）一九九九年『こころを育むストレスマネジメント技法』（ビデオ）南日本放送

成瀬悟策　二〇〇一年『リラクセーション——緊張を自分で弛める法』講談社

門前進　一九九五年『イメージ自己体験法——心を味わい豊かにするために』誠信書房

田嶌誠一　一九九二年『イメージ体験の心理学』講談社

藤原忠雄・松岡洋一　二〇〇四年「学校における自律訓練法活用の可能性」『自律訓練研究』第二三巻

おわりに

私は、教員生活（二五年目）のほとんどの期間、学校教育相談活動にかかわってきました。その間に、いろいろな活動に取り組みましたが、一貫して取り組んできたのはリラクセーションの活用であり、私の学校教育相談活動の中核と言えるものです。それだけに、リラクセーションについて、このような冊子にまとめることができた喜びはとても大きなものです。これも今まで私の取り組みに興味と理解を示し、実践研究に参画、協力してくださった県内の小・中・高校の児童生徒、保護者、教員の方々のおかげであり、心より感謝の意を表します。

師であり共同実践研究者でもある織井孝行先生（元高校教師）と二人で、週一回二時間のリラクセーション研究（一週間の振り返り〈効果確認〉、種々の技法体験、声かけ練習、導入や効果測定の検討、研修企画等々）を約五年間継続しました。この取り組みがなければ、本書は生まれていません。あらためて先生との出会い、先生のお導きに感謝いたします。

本書の内容に関するご指導ご助言をいただくとともに、様々な取り組みの場（機会）を与えてくださった冨永良喜先生（兵庫教育大学大学院教授）、山中寛先生（鹿児島大学大学院教授）、松岡洋一先生（岡山大学大学院教授）に、そして研究継続の重要性とともに実践者としての教師の在り方を教えてくださった千駄忠至先生（兵庫教育大学大学院教授）に感謝いたします。

本書の刊行の機会を与えていただくとともに、その基になった雑誌連載で貴重なご意見ご助言をいただいた、ほんの森出版の佐藤敏氏、兼弘陽子氏、小林敏史氏に感謝いたします。

そして、私の心の支えである父と母、妻と三人の子どもたちに感謝します。

二〇〇六年二月

藤原　忠雄

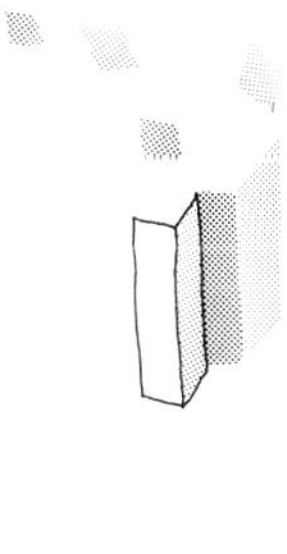

藤原　忠雄（ふじわら　ただお）
兵庫教育大学大学院教授
1958年岡山県生まれ。兵庫教育大学大学院学校教育研究科修了、（同）連合大学院学校教育学研究科単位取得満期退学。博士（学校教育学）。岡山県内の県立高等学校（数学科教諭）、県立養護学校（特別支援教育コーディネーター）、県教育センター（教育相談部指導主事）など26年余りの教職および教育行政職の経験を経て、現職。

所属学会：日本ストレスマネジメント学会（常任理事）、日本学校メンタルヘルス学会（理事）、日本学校教育相談学会（副会長）、他多数

学会賞：日本自律訓練学会第６回池見研究奨励賞、日本学校メンタルヘルス学会第４回、第７回最優秀論文賞、日本学校教育相談学会第７回学会賞

著書：『学校教育相談の理論と実践』（共編著）2018年 あいり出版、『学校メンタルヘルスハンドブック』日本学校メンタルヘルス学会編（分担執筆）2017年 大修館書店、『こころのサポート映像集』日本ストレスマネジメント学会監 一般社団法人社会応援ネットワーク編 2013年、『メンタルトレーニング教本 改訂増補版』日本スポーツ心理学会編（分担執筆）2005年 大修館書店、他多数

論文：「高校教職経験者からの教職キャリア発達段階仮説の提案」2018年『学校メンタルヘルス』、「東日本大震災被災地の児童生徒の心的外傷後成長（PTG）に関する研究」2015年『学校メンタルヘルス』、「教師ストレスへの支援の在り方に関する基礎的研究」2014年（学位論文）、他多数

ほんの森ブックレット
学校で使える５つのリラクセーション技法

2006年３月31日　初版発行
2019年７月１日　第７版発行

著　者　藤原　忠雄
発行者　小林　敏史
発行所　ほんの森出版株式会社
〒145-0062 東京都大田区北千束 3-16-11
TEL03-5754-3346　FAX03-5918-8146
https://www.honnomori.co.jp

印刷・製本所　研友社印刷株式会社

 ISBN978-4-938874-52-0 C3037